Üben 1 Unterstreiche im Text alle Nomen und schreibe sie mit Artikel auf.

DINOSAURIER

IN DER VERGANGENHEIT BEVÖLKERTEN VIELE VERSCHIEDENE EXEMPLARE DIESER URTIERE DIE ERDE. HEUTE KÖNNEN WIR IM MUSEUM ÜBERRESTE DER BEEINDRUCKENDEN REPTILIEN BETRACHTEN. DIE WISSENSCHAFT FORSCHT ABER NOCH DANACH, WELCHE EREIGNISSE ODER ENTWICKLUNGEN IHR ENDE HERBEIFÜHRTEN.

Groß- und Kleinschreibung

Nomen erkennen

Nomen erkennen

Lösung 1 Für jedes richtige Wort mit Artikel gibt es 0,5 Punkte.

die Dinosaurier, die Vergangenheit, die Exemplare, die Urtiere, die Erde, das Museum, die Überreste, die Reptilien, die Wissenschaft, die Ereignisse, die Entwicklungen, das Ende

TIPP

Nomen werden großgeschrieben und können mit einem Artikel verbunden werden. Sie können im Singular oder Plural stehen.
Die Wortbausteine **keit**, **heit**, **ung**, **nis**, **schaft**, **tum**, **sal** weisen ebenfalls auf Nomen hin.
der Tag – **viele** Tage   die Fröhlich**keit**   das Erleb**nis**

Üben 1 Punkte

Üben 2 Unterstreiche in den folgenden „Quatschsätzen" das Verb, das zum Nomen geworden ist. Verbinde es anschließend mit dem dazugehörigen Artikel.

Das Entfernen des Toilettenpapiers aus den Lehrertoiletten erfreut unseren Deutschlehrer sehr.

Während der Klassenarbeit ist das Abschreiben erlaubt und sollte von jedem ausgeübt werden.

In Vollmondnächten ist das heimliche Schneiden der Haare anderer gestattet.

Während des Unterrichts ist das Gähnen gerne gesehen.

Das lautstarke Musizieren in unterirdischen Höhlen ist jederzeit erwünscht.

Das gegenseitige Bemalen macht Spaß und muss unbedingt nachgeahmt werden.

Verben werden zu Nomen

Lösung 2 Für jedes richtige Wort mit Artikel gibt es 1 Punkt.

Das Entfernen des Toilettenpapiers aus den Lehrertoiletten erfreut unseren Deutschlehrer sehr.

Während der Klassenarbeit ist das Abschreiben erlaubt und sollte von jedem ausgeübt werden.

In Vollmondnächten ist das heimliche Schneiden der Haare anderer gestattet.

Während des Unterrichts ist das Gähnen gerne gesehen.

Das lautstarke Musizieren in unterirdischen Höhlen ist jederzeit erwünscht.

Das gegenseitige Bemalen macht Spaß und muss unbedingt nachgeahmt werden.

TIPP

Verben kannst du als Nomen gebrauchen, wenn du ihre Grundform mit einem Artikel verbindest.
Das Lachen ist gesund.

Üben 2 Punkte

Üben 3 Setze das Verb in der richtigen Form ein.
Achtung: Manchmal wird es zum Nomen und muss großgeschrieben werden.

Max .... (joggen) gerne durch den Park. Das .... (laufen) und .... (dehnen) gehören zu seinem täglichen Fitnessprogramm. Er .... (wissen), dass das häufige .... (trainieren) seine Kondition .... (fördern). Außerdem .... (meiden) er das .... (essen) von fettigen Speisen und das .... (trinken) süßer Getränke. So .... (bleiben) er fit und gesund. Kein Wunder, dass im Sportunterricht das .... (rennen) seine Lieblingsdisziplin ist.

Verben werden zu Nomen

Lösung 3 Für jedes richtige Wort gibt es 1 Punkt.

joggt, Laufen, Dehnen, weiß, Trainieren, fördert, meidet, Essen, Trinken, bleibt, Rennen

Üben 3 ☐ **Punkte**

Üben 4 Bilde aus den unten stehenden Verben Nomen und setze sie in die Lücken ein. Markiere das Signalwort für die Großschreibung!

Beim .... der Manege stolpert der Clown über seine Füße und beim .... und .... fallen ihm die Handschuhe zu Boden. Er bringt uns alle zum ....

Er fällt beim .... hin und muss zum .... seine Stimme ölen. Dann führt er uns seine Elefanten vor, die zum .... von Bildern ihre Rüssel fast verknoten.

Vom vielen ....
tun uns die Hände weh.

lachen | betreten | winken | aufhängen

klatschen | herumfuchteln | tanzen | singen

Nomen mit verstecktem Artikel

Lösung 4 Für jedes richtige Wort mit markiertem Signalwort gibt es 1 Punkt.

Beim Betreten, beim Winken und Herumfuchteln, zum Lachen, beim Tanzen, zum Singen, zum Aufhängen, vom Klatschen

TIPP

In den Wörtern **beim**, **vom** und **zum** ist der Artikel versteckt. Wenn diese Wörter vor einem Verb stehen, musst du es großschreiben.

beim Anziehen → bei dem Anziehen
vom Tragen → von dem Tragen
zum Verreisen → zu dem Verreisen

Üben 4 Punkte

Üben 5 Welche Wörter müssen großgeschrieben werden?
Schreibe die Sätze richtig auf die Linien und markiere die Artikel.

in unserer klasse ist tim der größte und vivienne die kleinste.

....

....

pia und max sind zwillinge. beim fahrradfahren ist
max der mutigere.

....

....

....

ben und elif sind die klügsten. in mathematik ist elif die schnellere.

....

....

das gute in unserer klasse ist, dass wir alle zusammenhalten.

....

....

Adjektive werden zu Nomen

Lösung 5 Für jedes richtig geschriebene Adjektiv, das zum Nomen geworden ist, mit markiertem Artikel gibt es 1 Punkt.

In unserer Klasse ist Tim der Größte und Vivienne die Kleinste.
Pia und Max sind Zwillinge. Beim Fahrradfahren ist Max der Mutigere.
Ben und Elif sind die Klügsten. In Mathematik ist Elif die Schnellere.
Das Gute in unserer Klasse ist, dass wir alle zusammenhalten.

TIPP

Adjektive werden zu Nomen, wenn du einen Artikel davorsetzt und kein weiteres Nomen folgt.
Geschenke sind am Geburtstag **das S**chönste.

Üben 5 ☐ **Punkte**

Üben 6 Ergänze die Sätze. Wähle dazu das passende Adjektiv aus und setze **etwas**, **viel**, **nichts**, **alles** oder **wenig** davor. Schreibe die Sätze unten auf.

Für den Detektiv gibt es
Oma kocht heute für alle
Zum Geburtstag wünschen wir
Ich hoffe, es ist ... passiert.
Der Zauberer zeigt uns

unlösbar | schlimm | lecker | gut | magisch

Für den Detektiv gibt es wenig Unlösbares.

Adjektive werden zu Nomen

Lösung 6 Für jeden richtigen Satz gibt es 1 Punkt.

Für den Detektiv gibt es wenig Unlösbares.
Oma kocht heute für alle etwas Leckeres.
Zum Geburtstag wünschen wir alles Gute.
Ich hoffe, es ist nichts Schlimmes passiert.
Der Zauberer zeigt uns viel (oder: etwas) Magisches.

TIPP

Adjektive schreibt man groß, wenn sie nach den Wörtern **etwas**, **viel**, **nichts**, **alles** oder **wenig** stehen.
Über Jochen habe ich schon **viel G**utes gehört.

Üben 6 Punkte

Üben 7 Stelle die Sätze so um, dass du das passende Umstandswort verwenden kannst. Es soll aber nicht am Satzanfang stehen. Schreibe die Sätze auf.

Samstag: Wir gehen ins Kino.

Wir gehen samstags ins Kino.

Sonntag: Viele Menschen gehen in die Kirche.

....

Montag: Die Kinder berichten vom Wochenende.

....

Mittwoch: Bei uns gibt es immer Pizza.

....

Abend: Levi badet sehr lange.

....

Nacht: Sterne leuchten am Himmel.

....

Zeitangaben

Lösung 7 Für jeden richtigen Satz gibt es 1 Punkt.

Wir gehen samstags ins Kino.
Viele Menschen gehen sonntags in die Kirche.
Die Kinder berichten montags vom Wochenende.
Bei uns gibt es mittwochs immer Pizza.
Levi badet abends sehr lange.
Sterne leuchten nachts am Himmel.

TIPP

Für die Angabe von Tageszeiten und Wochentagen kannst du Umstandswörter verwenden. Diese werden kleingeschrieben.

morgens **d**ienstags

Üben 8 Ergänze die fehlenden Anfangsbuchstaben.
Achte auf die Groß- und Kleinschreibung.

Unter der Woche klingelt bei Marc jeden ___orgen um 7 Uhr der Wecker. Er kommt ___orgens nur schwer aus dem Bett. Heute ist ___ittwoch. Er mag diesen Tag, weil er ___ittwochs eine Doppelstunde Sport hat. Marc ist am ___ormittag in der Schule, ___ittags kommt er nach Hause. Fast jeden ___achmittag muss er Hausaufgaben machen und lernen. Aber er hat ___achmittags auch Zeit, um zu spielen. Wenn ___bends die ganze Familie zu Hause ist, ist es immer sehr gemütlich. ___reitags und ___amstags darf Marc länger wach bleiben, weil er am nächsten ___orgen ausschlafen kann.
Oft träumt Marc ___achts von den Erlebnissen des Tages.

Zeitangaben

Lösung 8 Für jedes richtige Wort gibt es 1 Punkt.

Morgen, **m**orgens, **M**ittwoch, **m**ittwochs, **V**ormittag, **m**ittags, **N**achmittag, **n**achmittags, **a**bends, **F**reitags, **s**amstags, **M**orgen, **n**achts

TIPP

Tageszeiten und Wochentage kannst du mit Nomen bezeichnen. Sie werden großgeschrieben. Bezeichnest du sie mit Umstandswörtern, musst du diese kleinschreiben.

der **M**ittag   der **D**ienstag   **m**ittags   **d**ienstags

Üben 8 ☐ Punkte

Üben 9 Finde die elf Fehler im Text! Unterstreiche die falsch geschriebenen Wörter und schreibe sie in der richtigen Schreibweise darüber.

Das Mädchen war vom langen herumirren erschöpft und fürchtete sich Nachts in der dunkelheit des Waldes. Da endlich sah es ein Licht in der ferne! Als es gegen morgen näher kam, lag vor ihm ein Schloss. Es sah aus, als ob darin etwas sehr wertvolles verborgen sei. Welch ein bezauberndes strahlen ging von dem Schloss aus! Da geschah etwas seltsames: Die umgebung verwandelte sich in eine Winterlandschaft und aus dem schlosstor stürmte eine singende Fee, die direkt auf das Mädchen zukam …

„Aufstehen, Lisa!“, ruft da die Mutter plötzlich. Alles war gar nicht wirklichkeit, sondern nur geträumt …

Fehlertext

Lösung 9 Für jedes richtig korrigierte Wort gibt es 1 Punkt.

Das Mädchen war vom langen **H**erumirren erschöpft und fürchtete sich **n**achts in der **D**unkelheit des Waldes. Da endlich sah es ein Licht in der **F**erne! Als es gegen **M**orgen näher kam, lag vor ihm ein Schloss. Es sah aus, als ob darin etwas sehr **W**ertvolles verborgen sei. Welch ein bezauberndes **S**trahlen ging von dem Schloss aus! Da geschah etwas **S**eltsames: Die **U**mgebung verwandelte sich in eine Winterlandschaft und aus dem **S**chlosstor stürmte eine singende Fee, die direkt auf das Mädchen zukam ...
„Aufstehen, Lisa!", ruft da die Mutter plötzlich. Alles war gar nicht **W**irklichkeit, sondern nur geträumt ...

Üben 10 Verlängere jedes Wort und schreibe es nach Silben getrennt auf. Wie klingt der (s)-Laut? Kreuze an.

	ich verlängere	weich ausgesprochen	scharf ausgesprochen
sie schmeißt	schmei ßen		X
die Gans			
sie schießt			
der Greis	Grei se	X	
mies			
er gießt			
er reißt			
sie reist			
das Floß			
das Los			
fies			
der Schoß			

Wörter mit s und ß

Lösung 10 Für jedes richtig verlängerte Wort und für jedes richtige Kreuz gibt es 0,5 Punkte.

	ich verlängere	weich ausgesprochen	scharf ausgesprochen
sie schmeißt	schmei ßen		X
die Gans	die Gän se	X	
sie schießt	schie ßen		X
der Greis	Grei se	X	
mies	mie ser	X	
er gießt	gie ßen		X
er reißt	rei ßen		X
sie reist	rei sen	X	
das Floß	die Flö ße		X
das Los	die Lo se	X	
fies	fie ser	X	
der Schoß	die Schö ße		X

Üben 10 Punkte

Üben 11 Löse das Kreuzworträtsel. Trage die Wörter ein und markiere **s** oder **ß**. Stelle dann das Lösungswort zusammen.

Das Auto fährt sehr schnell, es …		10					
kleines Nagetier	4						
Körperteil		11					
Der Zug fährt auf … vier.					7		
Er … in die Türkei.	9						
„Farbe" des Schnees				12			
Sie … in ihr Brot.	1						
Gegenteil von Faulheit		2					
Alles kostet seinen …			5				
Sie … die Blumen.					8		
Er … mit der Katze.					3		
Sie …: „Hatschi!"	6						

Lösungswort:

1	2	3	4	5	6	7	8	9	10	11	12

Wörter mit s und ß

Lösung 11 Für jedes richtige Wort mit Markierung gibt es 1 Punkt.

Hinweis	Lösung
Das Auto fährt sehr schnell, es …	R A[10] S T
kleines Nagetier	M[4] A U S
Körperteil	F U[11] ß
Der Zug fährt auf … vier.	G L E I S[7]
Er … in die Türkei.	R[9] E I S T
„Farbe" des Schnees	W E I ß[12]
Sie … in ihr Brot.	B[1] E I ß T
Gegenteil von Faulheit	F L[2] E I ß
Alles kostet seinen …	P R E[5] I S
Sie … die Blumen.	G I E ß T[8]
Er … mit der Katze.	S C H M U[3] S T
Sie …: „Hatschi!"	N[6] I E S T

Lösungswort:

B	L	U	M	E	N	S	T	R	A	U	ß
1	2	3	4	5	6	7	8	9	10	11	12

Üben 11 Punkte

Üben 12 In diesem Gitterrätsel sind acht Wörter mit **V/v** versteckt. Markiere sie und schreibe sie mit Artikel auf.

D	A	K	K	U	S	A	T	I	V	A
V	O	L	L	E	Y	B	A	L	L	D
A	V	E	T	R	Z	U	Ö	B	D	J
M	T	V	E	R	A	N	D	A	I	E
P	H	D	N	L	L	Ä	S	F	V	K
I	T	A	F	E	H	Ö	D	E	A	T
R	N	V	I	D	E	O	M	G	E	I
R	G	H	A	L	O	R	Z	Z	U	V
D	V	E	N	T	I	L	A	T	O	R

V/v in Fremdwörtern

Lösung 12 Für jedes richtige Wort mit Artikel gibt es 1 Punkt.

D	A	K	K	U	S	A	T	I	V	A
V	O	L	L	E	Y	B	A	L	L	D
A	V	E	T	R	Z	U	Ö	B	D	J
M	T	V	E	R	A	N	D	A	I	E
P	H	D	N	L	L	Ä	S	F	V	K
I	T	A	F	E	H	Ö	D	E	A	T
R	N	V	I	D	E	O	M	G	E	I
R	G	H	A	L	O	R	Z	Z	U	V
D	V	E	N	T	I	L	A	T	O	R

der Akkusativ, der Vampir, die Veranda, der Volleyball,
das Adjektiv, der Ventilator, die Diva, das Video

Üben 13 Setze aus den Silben Wörter mit V/v zusammen und schreibe sie auf. Schreibe bei Nomen den Artikel dazu.

Pul Pa Vul vi an Vil vent Kla Ad La

vi Vi lett o li ne kan Skla

vier ver va o ve la

Üben 14 Wie lauten die gesuchten Wörter mit V/v? Trage ein.

ein Monatsname:

anderes Wort für Fasching:

ein Kleidungsstück:

31. Dezember:

Rauminhalt:

V/v in Fremdwörtern

Lösung 13 Für jedes richtige Wort mit Artikel gibt es 1 Punkt.

das Pulver, der Pavian, der Vulkan, die Villa, das Klavier, der Advent, die Lava, violett, die Violine, der Sklave

TIPP

In Fremdwörtern wird das **V/v** oft als (w) gesprochen. Diese Wörter solltest du dir einprägen, es gibt hierzu keine Regel.

das **V**erb die Di**v**ision

Lösung 14 Für jedes richtige Wort gibt es 1 Punkt.

November, Karneval, Pullover, Silvester, Volumen

Üben 13 ____ Punkte Üben 14 ____ Punkte

Üben 15 Der (ks)-Laut kann unterschiedlich geschrieben werden. Markiere ihn in den folgenden Wörtern.

das Kerzenwachs der Keks klecksig der Boxer die Axt

das Fax der Lachs die Büchse der Text die Achse

die Nixe die Eidechse der Hexenbesen drechseln

Üben 16 Bringe die Wörter in die richtige Reihenfolge, schreibe die Sätze auf und markiere den (ks)-Laut.

Arzt Der Praxis und schließt die Verletzen zu dem eilt

....

....

macht Nele einen ihr Klecks Heft in

....

als eingewechselt wird Timo Stürmer

....

Der ks-Laut

Lösung 15 Für jede richtige Markierung gibt es 0,5 Punkte.

das Kerzenwachs, der Keks, klecksig, der Boxer, die Axt,
das Fax, der Lachs, die Büchse, der Text, die Achse, die Nixe,
die Eidechse, der Hexenbesen, drechseln

Lösung 16 Für jeden richtigen Satz mit markiertem ks-Laut gibt es 1 Punkt.

Der Arzt schließt die Praxis und eilt zu dem Verletzten.
Nele macht einen Klecks in ihr Heft.
Timo wird als Stürmer eingewechselt.

Üben 15 Punkte Üben 16 Punkte

Üben 17

Die Wörterschlange enthält Wörter mit dem (ks)-Laut. Suche sie heraus und schreibe sie unten auf. Ergänze bei Nomen den Artikel.

SECHSGEWACHSTLACHSFARBENHEXENHAUSGEKLECKST

FUCHSECHSESCHLAKSIGBUTTERKEKSMIXERFAXGERÄT

LUCHSKRAXELNMURKSOCHSEWACHSEN

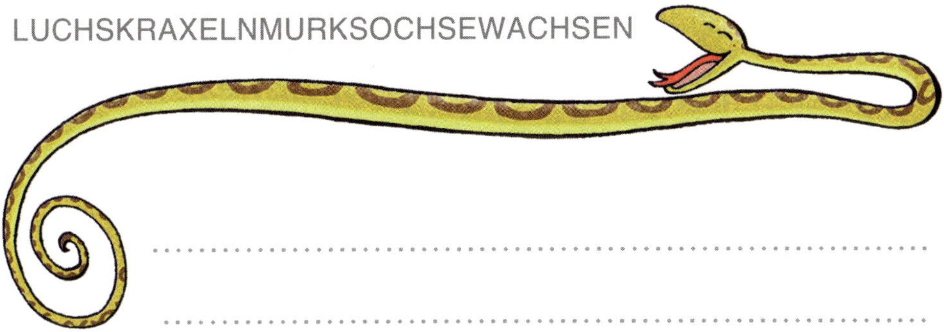

Der ks-Laut

Lösung 17 Für jedes Wort gibt es 1 Punkt.

sechs, gewachst, lachsfarben, das Hexenhaus, gekleckst, der Fuchs, die Echse, schlaksig, der Butterkeks, der Mixer, das Faxgerät, der Luchs, kraxeln, der Murks, der Ochse, wachsen

Üben 18

Fehlt **b** oder **p**, **d** oder **t**, **g** oder **k**? Verlängere die Wörter, trage sie nach Silben getrennt ein und ergänze dann den Auslaut.

der Krie g	Krie	ge	der Stran _		
schrä _			er le _ t		
der Ber _			der Die _		
sie hu _ t			ihr ge _ t		
der Kor _			der Mark _		
dich _			frem _		
das Zel _			der Hel _		
trü _			er rä _		
das Hef _			der Fein _		
der Grun _			das Ban _		
der Zwer _			das Wer _		

b/p, d/t, g/k im Auslaut

Lösung 18 Für jedes richtige Wort mit Verlängerung gibt es 1 Punkt.

der Krie**g** – Krie-ge	der Stran**d** – Strän-de
schrä**g** – schrä-ger	er le**b**t – le-ben
der Ber**g** – Ber-ge	der Die**b** – Die-be
sie hu**p**t – hu-pen	ihr ge**b**t – ge-ben
der Kor**b** – Kör-be	der Mark**t** – Märk-te
dich**t** – dich-ter	frem**d** – frem-der
das Zel**t** – Zel-te	der Hel**d** – Hel-den
trü**b** – trü-ber	er rä**t** – ra-ten
das Hef**t** – Hef-te	der Fein**d** – Fein-de
der Grun**d** – Grün-de	das Ban**d** – Bän-der
der Zwer**g** – Zwer-ge	das Wer**k** – Wer-ke

TIPP

Wenn du dir unsicher bist, ob Wörter am Ende mit **b** oder **p**, **d** oder **t**, **g** oder **k** geschrieben werden, hilft es dir, sie zu verlängern. Dann hörst du den richtigen Laut.

Üben 18 Punkte

Üben 19 Markiere in den folgenden Wörtern die schwierige Stelle.

Urlaubsreise | Fremdkörper | Burggraben

Erlebnis | Flugschein | Klebstoff | Grabstein

Stinktier | Brotmesser | Handschuhe | Schranktür | Lobrede

Üben 20 Schreibe die Wörter oben ab und ergänze jeweils das verlängerte Wort, das dir bei der Schreibweise weiterhilft.

Urlaubsreise: Urlaube, ...

....

....

....

....

....

....

....

b/p, d/t, g/k im Auslaut

Lösung 19 Für jede richtige Markierung gibt es 0,5 Punkte.

Urlaubsreise, Fremdkörper, Burggraben, Erlebnis, Flugschein, Klebstoff, Grabstein, Stinktier, Brotmesser, Handschuhe, Schranktür, Lobrede

Lösung 20 Für jede richtige Verlängerung gibt es 1 Punkt.

Urlaubsreise: Urlaube, Fremdkörper: fremder, Burggraben: Burgen, Erlebnis: erleben, Flugschein: fliegen, Klebstoff: kleben, Grabstein: graben, Stinktier: stinken, Brotmesser: Brote, Handschuhe: Hände, Schranktür: Schränke, Lobrede: loben

Üben 19 ☐ Punkte Üben 20 ☐ Punkte

Üben 21

In diesem Gitterrätsel stehen sieben Wörter mit **ai**. Markiere sie und schreibe sie mit Artikel auf.

U	K	A	I	S	E	R	W	M	M	A
S	T	N	M	E	E	H	A	I	A	X
A	I	L	A	I	B	N	I	Ö	I	M
E	T	A	I	F	U	N	S	R	A	L
R	T	U	S	W	A	S	E	Z	J	P

Üben 22

Zwei Wörter können auch mit **ei** statt mit **ai** geschrieben werden. Schreibe das zweite mit beiden Bedeutungen auf.

die Waise: Kind, dessen Eltern verstorben sind

der Weise: kluger Mensch

Wörter mit ai

Lösung 21

Für jedes richtige Wort mit Artikel gibt es 1 Punkt.

U	K	A	I	S	E	R	W	M	M	A
S	T	N	M	E	E	H	A	I	A	X
A	I	L	A	I	B	N	I	Ö	I	M
E	T	A	I	F	U	N	S	R	A	L
R	T	U	S	W	A	S	E	Z	J	P

der Kaiser, die Waise, der Laib, der Mais, der Taifun, der Hai, der Mai

Lösung 22

Für das ai-Wort und das ei-Wort mit richtiger Erklärung gibt es je 1 Punkt.

die Waise: Kind, dessen Eltern verstorben sind
der Weise: kluger Mensch
der Laib: der Brotlaib
der Leib: der Körper

Üben 23 Bilde Wörter mit e oder ä und schreibe sie auf. Schreibe zu den Wörtern mit ä ein verwandtes Wort mit a. Du kannst die äußeren Kreisfelder auch mehrfach verwenden.

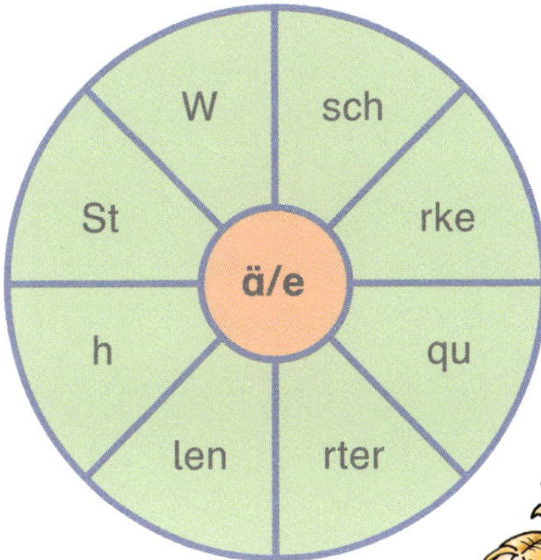

Üben 24 Bilde Wörter mit eu oder äu. Schreibe sie auf und ergänze bei den Wörtern mit äu ein verwandtes Wort mit au. Du kannst die äußeren Kreisfelder auch mehrfach verwenden.

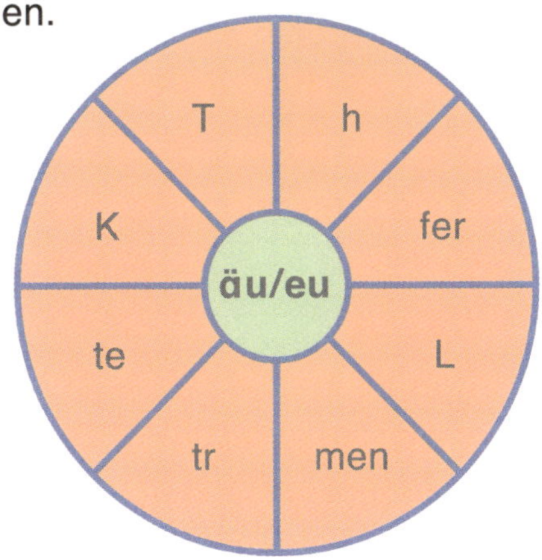

Wörter mit ä und äu

Lösung 23 Für jedes richtige Wort bzw. Wortpaar gibt es 1 Punkt.

Wärter – warten
härter – hart
quälen – Qual
schälen – Schale
Stärke – stark
Werke

Lösung 24 Für jedes richtige Wort bzw. Wortpaar gibt es 1 Punkt.

träumen – Traum
Läufer – laufen
Käufer – kaufen
Täufer – taufen
Leute
heute
treu

Üben 23 ___ Punkte   Üben 24 ___ Punkte

Üben 25

Setze die fehlenden Formen ein und markiere die doppelten Konsonanten. Kennzeichne dann den kurzen Vokal mit einem Punkt •.

Grundform	Personalformen		
wippen	ich	du	ihr
messen			
trennen			
fassen			

Üben 26

Setze die fehlenden Formen ein. Markiere die doppelten Konsonanten. Kennzeichne dann den kurzen Vokal mit einem Punkt •.

Grundstufe	1. Vergleichsstufe	2. Vergleichsstufe
schnell		
		am dümmsten
	heller	
krumm		

Konsonantenhäufung

Lösung 25 Für jede richtige Verbform mit Markierung und Punkt gibt es 0,5 Punkte.

Grundform	Personalformen		
wippen	ich wippe	du wippst	ihr wippt
messen	ich messe	du misst	ihr messt
trennen	ich trenne	du trennst	ihr trennt
fassen	ich fasse	du fasst	ihr fasst

Lösung 26 Für jede richtige Adjektivform mit Markierung und Punkt gibt es 0,5 Punkte.

Grundstufe	1. Vergleichsstufe	2. Vergleichsstufe
schnell	schneller	am schnellsten
dumm	dümmer	am dümmsten
hell	heller	am hellsten
krumm	krummer	am krummsten

Üben 25 ____ Punkte   Üben 26 ____ Punkte

Üben 27 Setze **tz** und **ck** ein und schreibe die Wörter geordnet auf. Achtung: Bei manchen Wörtern passt beides. Kennzeichne den kurzen Vokal durch einen Punkt •.

die Spri●e, die Mü●e, die Ta●e, bli●en, der Schmu●,

die Stü●e, das Ha●fleisch, spi●en, schmü●en, die Ri●e,

der A●er, tro●en, der La●, das Kä●chen

Wörter mit **tz**:

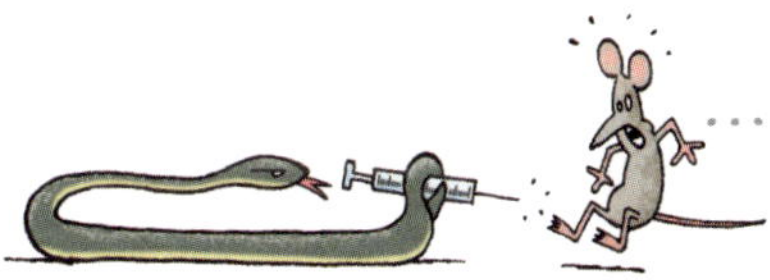

Wörter mit **ck**:

Konsonantenhäufung

Lösung 27 Für jedes richtige Wort mit gekennzeichnetem kurzen Vokal gibt es 0,5 Punkte.

Wörter mit **tz**:
die Spritze, die Mütze, die Tatze, blitzen, der Schmutz, die Stütze, spitzen, die Ritze, trotzen, der Latz, das Kätzchen

Wörter mit **ck**:
die Mücke, blicken, der Schmuck, die Stücke, das Hackfleisch, spicken, schmücken, die Ricke, der Acker, trocken, der Lack

Zusatzinformation:
Eine Ricke ist ein weibliches Reh.

TIPP

Nach einem kurzen Vokal werden die Konsonanten **z** und **k** verdoppelt. Statt **zz** schreibst du **tz** und statt **kk** schreibst du **ck**.

fli**tz**en die Sä**ck**e

Üben 27 Punkte

Üben 28 Bilde zusammengesetzte Wörter mit Doppelvokalen und schreibe sie auf. Es passen immer ein grünes und ein rotes Wort zusammen. Markiere die Doppelvokale.

~~der See~~ das Paar der Kaffee der Mann das Märchen

der Aal die Kanne das Gut der Zoo das Ruder die Beere

glatt die Fee die Bohne der Tanz die Handlung der Tee

das Blatt die Saat der Staat der Klee das Lager das Boot

das Bad der Vogel das Moor klein der Schnee das Heer

~~das Ungeheuer~~

das Seeungeheuer, ...

....

....

....

....

....

....

....

Doppelvokale aa, ee, oo

Lösung 28 Für jedes richtige Wort mit Markierung gibt es 1 Punkt.

das Seeungeheuer, die Kaffeebohne, aalglatt,
die Zoohandlung, die Vogelbeere, die Märchenfee,
das Tanzpaar (oder: der Paartanz), die Teekanne,
das Saatgut, das Kleeblatt, das Ruderboot, das Moorbad,
der Kleinstaat, der Schneemann, das Heerlager

TIPP

In manchen Wörtern wird der lange Vokal besonders gedehnt. Die Dehnung erfolgt durch Verdopplung oder durch das Einfügen des Dehnungs-**h**.

leer der **Lehrer**

Üben 29 Schreibe die gesuchten Nomen mit Dehnungs-**h** auf.
Notiere dann unten zu jedem ein verwandtes Verb oder Adjektiv.

Schuhe haben eine

fein gemahlenes Korn:

1, 2, 3 … sind

haben wir im Mund:

isst man gerne zu Kuchen:

....

....

Üben 30 Zeichne bei den Wörtern Silbenbögen ein.
Bei welchen Wörtern kannst du das **h** hören? Markiere es.

ziehen Höhle sehen

Uhr gehen Hähne

Kohle Truhe fehlen

Ruhe Söhne stehen

Das Dehnungs-h

Lösung 29 Für jedes richtige Wort gibt es 1 Punkt.

Sohle, Mehl, Zahlen, Zähne, Sahne
besohlen, mehlig, zählen, zahnen, sahnig

Lösung 30 Für jedes richtig getrennte Wort gibt es 0,5 Punkte, für jede richtige Markierung gibt es ebenfalls 0,5 Punkte.

ziehen, Höhle, sehen, Uhr, gehen, Hähne, Kohle,
Truhe, fehlen, Ruhe, Söhne, stehen

TIPP

Das silbentrennende h kannst du beim deutlichen Sprechen in Silben hören, das Dehnungs-h kannst du nicht hören.
ru-**h**en fröh-lich

Üben 29 Punkte Üben 30 Punkte

Üben 31

Die Wörterspirale enthält Wörter mit **i**, **ie** und **ih**.
Schreibe sie auf und markiere die (i)-Laute mit drei Farben.

RIESEBENZINDIEBIHNENHIERIHMKABINEPRIMAROSINEFLIEGEDIENERRASIERENMASCHINERISIKOBIBELGIBT

....

....

....

....

....

....

....

Üben 32

Trage die Wörter ein. Umkreise dann den (i)-Laut.

anderes Wort für Orange: ☐☐☐☐☐☐☐☐☐

gefährliches Reptil: ☐☐☐☐☐☐☐☐

nicht Butter, sondern ...: ☐☐☐☐☐☐☐☐☐

gefährliche Raubkatze: ☐☐☐☐☐

Augendeckel: ☐☐☐

Das lange i

Lösung 31 Für jedes richtige Wort mit Markierung gibt es 0,5 Punkte.

Riese, Benzin, Dieb, ihnen, hier, ihm, Kabine, prima, Rosine, Fliege, Diener, rasieren, Maschine, Risiko, Bibel, gibt

Lösung 32 Für jedes richtige Wort mit gekennzeichnetem (i)-Laut gibt es 1 Punkt.

Apfelsine, Krokodil, Margarine, Tiger, Lid

Üben 33

Ergänze die Lückenwörter, in allen kommt ein Doppellaut vor. Achte auf die richtige Schreibweise nach dem Doppellaut.

Im Winter h.........en wir die Wohnung.

Der Bauer hat auf seinen Feldern Raps, Gerste und W............ en angebaut.

Paul gibt ungern Geld aus. Sina sagt, Paul sei g.........ig.

Auf dem Spielplatz wollen alle Kinder auf die neue Sch.........el.

An einer Kr.........ung herrscht die Vorfahrtsregel rechts vor links!

Wenn du einen starken Schnupfen hast, musst du dich besonders oft schn.........en.

Heute hat Herr Knapp schlechte Laune. Man sollte ihn nicht r.........en, sonst haut er vielleicht noch auf die P.........e.

Der Doppellaut

Lösung 33 Für jedes richtige Wort gibt es 0,5 Punkte.

heizen, Weizen, geizig, Schaukel, Kreuzung, schnäuzen, reizen, Pauke

TIPP

Die Doppellaute gelten in unserer Sprache als lang gesprochene Laute. Deshalb kann ihnen auch kein Doppelkonsonant, kein **tz** und kein **ck** folgen.

die S**ei**fe ankr**eu**zen sch**au**keln

Üben 34 Setze in die Lücken **das** oder **dass** ein.

.... Auto, ... hier steht, parkt falsch.

Ich hoffe, ... ich eine gute Note bekomme.

Lucy ist .... Mädchen, ... am besten singen kann.

.... Fleisch, ... gegrillt wird, ist noch nicht fertig.

.... es heute regnet, gefällt Urs gar nicht.

Der Arzt stellt fest, ... Fieber immer mehr ansteigt.

Kai glaubt, ... seine Mannschaft gewinnt.

Elsa weiß, ... ihre Oma zu Besuch kommt.

Leo und Assal fanden es toll, ... sie ins Kino gehen durften.

.... italienische Gericht, ... Tom und Selma kochten, war leider völlig versalzen.

das oder dass?

Lösung 34 Für jedes richtig eingesetzte Wort gibt es 1 Punkt.

Das Auto, **das** hier steht, parkt falsch.
Ich hoffe, **dass** ich eine gute Note bekomme.
Lucy ist **das** Mädchen, **das** am besten singen kann.
Das Fleisch, **das** gegrillt wird, ist noch nicht fertig.
Dass es heute regnet, gefällt Urs gar nicht.
Der Arzt stellt fest, **dass das** Fieber immer mehr ansteigt.
Kai glaubt, **dass** seine Mannschaft gewinnt.
Elsa weiß, **dass** ihre Oma zu Besuch kommt.
Leo und Assal fanden es toll, **dass** sie ins Kino gehen durften.
Das italienische Gericht, **das** Tom und Selma kochten, war leider völlig versalzen.

TIPP

Du schreibst **das** nach dem Komma, wenn du es durch **welches** ersetzen kannst!

Üben 34 Punkte

Üben 35 Unterstreiche die wörtliche Rede blau und die Redebegleitsätze rot.

„Juhu“, ruft Emma, „heute fahren wir in den Urlaub!“ „Wohin geht die Reise?“, möchte ihre Freundin Mia wissen. „Wir werden Oma und Opa besuchen“, antwortet Leon stolz. Er erzählt weiter: „Dort gibt es einen Bauernhof mit vielen Tieren.“ „Mensch“, meint Mia etwas traurig, „da würde ich auch gerne hinfahren.“ „Beim nächsten Mal kommst du einfach mit“, muntert Emma ihre Freundin auf. Mia strahlt und antwortet: „Ja gerne! Wann ist das nächste Mal?“

Üben 36 Welche Wörter gehören zum Wortfeld **sagen**? Kreise sie ein.

rennen stottern flüstern hinken erzählen malen

antworten schreiben schlafen fragen schreien

Die wörtliche Rede

Lösung 35 Für jeden richtigen Redebegleitsatz gibt es 1 Punkt.

„Juhu“, ruft Emma, „heute fahren wir in den Urlaub!“ „Wohin geht die Reise?“, möchte ihre Freundin Mia wissen. „Wir werden Oma und Opa besuchen“, antwortet Leon stolz. Er erzählt weiter: „Dort gibt es einen Bauernhof mit vielen Tieren.“ „Mensch“, meint Mia etwas traurig, „da würde ich auch gerne hinfahren.“ „Beim nächsten Mal kommst du einfach mit“, muntert Emma ihre Freundin auf. Mia strahlt und antwortet: „Ja gerne! Wann ist das nächste Mal?“

Lösung 36 Für jedes richtige Wort gibt es 0,5 Punkte.

rennen (stottern) (flüstern) hinken (erzählen) malen

(antworten) schreiben schlafen (fragen) (schreien)

Üben 35 ___ Punkte Üben 36 ___ Punkte

Üben 37 Schreibe das Gespräch zwischen Emma und ihrer Oma auf. Verwende dazu die vorgegebenen Redebegleitsätze und setze die Redezeichen.

Dieses Kalb kam heute Nacht zur Welt.

Das kann es schon kurz nach der Geburt.

Es kann schon stehen?

Komm mit, ich zeige dir noch die Hühner.

Gern!

Die Oma erklärt:

, fragt Emma erstaunt.

, ruft Emma.

, schlägt sie dann vor,

, antwortet die Oma.

Redezeichen bei wörtlicher Rede

Lösung 37 Für jeden richtigen Satz gibt es 1 Punkt.

Die Oma erklärt: „Dieses Kalb kam heute Nacht zur Welt."
„Es kann schon stehen?", fragt Emma erstaunt.
„Das kann es schon kurz nach der Geburt", antwortet die Oma.
„Komm mit", schlägt sie dann vor, „ich zeige dir noch die Hühner."
„Gern!", ruft Emma.

TIPP

Die wörtliche Rede erkennst du an den Anführungszeichen „ ". Der Redebegleitsatz kann vorangestellt, eingeschoben oder nachgestellt sein.

Mona sagt: „Endlich sind die Koffer gepackt."
„Endlich", sagt Mona, „sind die Koffer gepackt."
„Endlich sind die Koffer gepackt", sagt Mona.

Üben 37 Punkte

Üben 38 Stelle die wörtliche Rede mit den Begleitsätzen um.
Setze die Satz- und Redezeichen.

Begleitsatz
← vorne
→ hinten
↓ eingeschoben

← ....

→ ....

↓ „Wie lange“, fragt Ida, „fahren wir noch?“

← ....

→ „Juhu, morgen sind Ferien!“, ruft Tom.

↓ ....

← Polly erzählt: „Gestern habe ich gebastelt.“

→ ....

....

↓ ....

....

Begleitsätze umstellen

Lösung 38 Für jeden richtigen Satz gibt es 1 Punkt.

⇦ Ida fragt: „Wie lange fahren wir noch?“
⇨ „Wie lange fahren wir noch?“, fragt Ida.
⇩ „Wie lange“, fragt Ida, „fahren wir noch?“

⇦ Tom ruft: „Juhu, morgen sind Ferien!“
⇨ „Juhu, morgen sind Ferien!“, ruft Tom.
⇩ „Juhu“, ruft Tom, „morgen sind Ferien!“

⇦ Polly erzählt: „Gestern habe ich gebastelt.“
⇨ „Gestern habe ich gebastelt“, erzählt Polly.
⇩ „Gestern“, erzählt Polly, „habe ich gebastelt.“

TIPP

Ist der Redebegleitsatz der wörtlichen Rede vorangestellt, endet er mit einem Doppelpunkt, steht er nach der wörtlichen Rede oder ist er eingeschoben, wird er durch Kommas abgetrennt.

Üben 38 ____ **Punkte**

Üben 39

Setze die Satz- und Redezeichen ein. Überlege dir zunächst, was gesprochen wird (wörtliche Rede) und welches die Redebegleitsätze sind.

Komm schnell vor den Fernseher ruft der Vater seinem Sohn Paul zu. Paul möchte wissen Beginnt das Rennen schon Ja sagt sein Vater aufgeregt die Motoren heulen schon, es dauert nur noch Sekunden bis zum Start Fahr schneller feuert Paul sein Idol im roten Flitzer an. Auch sein Vater meint Er darf niemanden an sich vorbeilassen Super schreien die beiden plötzlich er hat gewonnen Das war aber knapp sagt Paul zu seinem Vater. Dieser erwidert Nun wird er auch Formel-1-Weltmeister

Satz- und Redezeichen einsetzen

Lösung 39 Für jeden Satz, bei dem alle Satz- und Redezeichen richtig sind, gibt es 1 Punkt.

„Komm schnell vor den Fernseher“, ruft der Vater seinem Sohn Paul zu. Paul möchte wissen: „Beginnt das Rennen schon?“ „Ja“, sagt sein Vater aufgeregt, „die Motoren heulen schon, es dauert nur noch Sekunden bis zum Start.“ „Fahr schneller“, feuert Paul sein Idol im roten Flitzer an. Auch sein Vater meint: „Er darf niemanden an sich vorbeilassen.“ „Super“, schreien die beiden plötzlich, „er hat gewonnen!“ „Das war aber knapp“, sagt Paul zu seinem Vater. Dieser erwidert: „Nun wird er auch Formel-1-Weltmeister.“

TIPP

Das Komma steht immer außerhalb der Anführungszeichen. Punkt, Frage- und Ausrufezeichen stehen innerhalb der Anführungszeichen.

Üben 39 Punkte

Üben 40 Trenne die Aufzählungen in den folgenden Sätzen durch Kommas voneinander ab.

Zur Erfrischung mag ich am liebsten Eis Obst oder ein kaltes Getränk.

In den Ferien möchte ich nach Italien Griechenland Spanien in die Türkei oder nach Portugal reisen.

Üben 41 Schreibe selbst Aufzählungen mit Komma und den Bindewörtern **und** oder **oder**. Verwende hierzu das Wortmaterial.

Urs wünscht sich einen ....

....

.... können toll singen.

Im Mittelaltermuseum sind ....

.... zu sehen.

Leon | Lanzen | Hase | Maus | Mia | Schwerter

Tim | Ritterrüstungen | Fahnen | Hahn

Komma bei Aufzählungen

Lösung 40 Für jedes richtig eingesetzte Komma gibt es 0,5 Punkte.

Zur Erfrischung mag ich am liebsten Eis, Obst oder ein kaltes Getränk.
In den Ferien möchte ich nach Italien, Griechenland, Spanien, in die Türkei oder nach Portugal reisen.

Lösung 41 Für jeden richtigen Satz gibt es 1 Punkt.

Urs wünscht sich einen Hasen, eine Maus oder einen Hahn.
Mia, Tim und Leon können toll singen.
Im Mittelaltermuseum sind Lanzen, Fahnen, Ritterrüstungen und Schwerter zu sehen.

TIPP

Aufzählungen werden durch Kommas abgetrennt, außer wenn sie durch die Bindewörter **und** oder **oder** verbunden sind.

Üben 40 ___ Punkte   Üben 41 ___ Punkte

Üben 42 Immer zwei Sätze gehören zusammen. Verbinde sie mithilfe des Bindewortes **weil**. Setze das Komma an der richtigen Stelle.

Der Torwart ist stolz.	Es ist draußen kalt.
Luis ist traurig.	Es hat Hunger.
Das Baby schreit.	Sie kann nicht verlieren.
Maria spielt nicht gerne.	Er hat alle Bälle gehalten.
Wir ziehen uns warm an.	Er hat eine bessere Note erwartet.

Der Torwart ist stolz, weil er alle Bälle gehalten hat.

Komma vor weil

Lösung 42 Für jeden richtigen Satz gibt es 1 Punkt.

Der Torwart ist stolz, weil er alle Bälle gehalten hat.
Luis ist traurig, weil er eine bessere Note erwartet hat.
Das Baby schreit, weil es Hunger hat.
Maria spielt nicht gerne, weil sie nicht verlieren kann.
Wir ziehen uns warm an, weil es draußen kalt ist.

TIPP

Vor dem Bindewort **weil** steht immer ein Komma.

Üben 43

Welche Sätze gehören zusammen? Verbinde sie und schreibe sie mit dem passenden Bindewort auf. Setze das Komma an der richtigen Stelle.

obwohl | während | dass

Tim geht heute ins Freibad.	Sie sieht fern.
Mina knabbert Chips.	Es ist kalt.
Cem redet mit seinem Nachbarn.	Sie gewinnt das Turnier.
Wir wünschen es uns.	Der Lehrer mag das nicht.
Nach ihrer Kür hofft Lisa es.	Bald sind Ferien.

Tim geht heute ins Freibad, obwohl es kalt ist.

....

....

....

....

....

....

Komma vor obwohl, während, dass

Lösung 43 Für jeden richtigen Satz gibt es 1 Punkt.

Tim geht heute ins Freibad, obwohl es kalt ist.
Mina knabbert Chips, während sie fernsieht.
Cem redet mit seinem Nachbarn, obwohl der Lehrer das nicht mag.
Wir wünschen uns, dass bald Ferien sind.
Nach ihrer Kür hofft Lisa, dass sie das Turnier gewinnt.

TIPP

Vor den Bindewörtern **obwohl**, **während** und **dass** steht immer ein Komma.

Üben 44 Ordne die Tiernamen nach dem Alphabet. Umkreise das Tier, welches ein Fabelwesen ist.

Eichelhäher Elefant Einhorn

Eichhörnchen Eisvogel Eidechse

Elch Ente

....

....

....

Üben 45 In die folgende Auflistung haben sich Fehler eingeschlichen. Welche Wörter stehen an der falschen Stelle und wo gehören sie hin? Kennzeichne dies mit einem Pfeil.

Geburtstag Gefahr Gegend gehen Geheimnis geizig

Geld Geldbörse Geldautomat Geschäft Geschenk

Geschichte Gesicht Geschick Geselle Gesellschaft

Nach dem Alphabet ordnen

Lösung 44 Für jedes Wort an der richtigen Stelle gibt es 1 Punkt.
Für das richtige umkreiste Wort gibt es ebenfalls 1 Punkt.

Eichelhäher, Eichhörnchen, Eidechse, Einhorn, Eisvogel, Elch, Elefant, Ente

Lösung 45 Für jedes richtig neu eingeordnete Wort gibt es 1 Punkt.

Geburtstag Gefahr Gegend gehen Geheimnis geizig

Geld Geldbörse Geldautomat Geschäft Geschenk

Geschichte Gesicht Geschick Geselle Gesellschaft

TIPP

Möchtest du Wörter nach dem Alphabet ordnen, die den gleichen Anfangsbuchstaben haben, musst du auf den zweiten und die nachfolgenden Buchstaben achten.

Üben 46 Trage das Wort ein, unter dem du im Wörterbuch nachschlagen musst.

sie las ↓ lesen	am meisten ↓	sie isst ↓
es sank ↓	am dümmsten ↓	er traf ↓
klüger ↓	er musste ↓	die Wände ↓

Üben 47 Schreibe auf, unter welchen Wörtern du nachschlagen kannst.

Umweltverschmutzung: die Umwelt, die Verschmutzung

Autobahnausfahrt: ....

Zirkuszelt: ....

Fahrradhelm: ....

Buntspecht: ....

Den Haupteintrag finden

Lösung 46 Für jedes richtige Wort gibt es 1 Punkt.

sie las – lesen, am meisten – viel, sie isst – essen,
es sank – sinken, am dümmsten – dumm, er traf – treffen,
klüger – klug, er musste – müssen, die Wände – die Wand

TIPP

Im Wörterbuch stehen Wörter meist in ihrer einfachsten Form: Nomen im Singular (Einzahl), Verben in der Grundform und Adjektive in der Grundstufe.
Zusammengesetzte Nomen musst du zerlegen und einzeln nachschlagen.

Lösung 47 Für jede richtige „Aufsplittung" gibt es 1 Punkt.

Umweltverschmutzung: die Umwelt, die Verschmutzung
Autobahnausfahrt: das Auto, die Bahn, die Ausfahrt
Zirkuszelt: der Zirkus, das Zelt
Fahrradhelm: fahren, das Rad, der Helm
Buntspecht: bunt, der Specht

Üben 46 ☐ Punkte Üben 47 ☐ Punkte

Üben 48 Hier ist der Haupteintrag unter die Nebeneinträge geraten. Suche den Haupteintrag und markiere ihn.

die Staatsangehörigkeit
der Staatsbesuch
der Staat, die Staaten
der Staatsbürger
die Staatsbürgerin
staatlich

das Jugendamt
die Jugendherberge
jugendlich
die Jugend
der Jugendliche
die Jugendliche

Üben 49 Bei diesen beiden Wörterbucheinträgen sind einige Nebeneinträge unpassend. Streiche sie durch.

der Mittag, die Mittage
am Mittag
gestern Mittag
die Mitternacht
das Mittagessen
mittags
die Mitte
der Mittagsschlaf

der Fisch, die Fische
fischen
das Fischerboot
die Forelle
die Fischgräte
das Fischstäbchen
frisch

Den Haupteintrag finden

Lösung 48 Für jeden Haupteintrag gibt es 1 Punkt.

der Staat, die Staaten
die Jugend

Lösung 49 Für jeden richtig durchgestrichenen Nebeneintrag gibt es 1 Punkt.

unpassende Nebeneinträge sind:
die Mitternacht, die Mitte
die Forelle, frisch

TIPP

Die fett gedruckten Wörter in einem Wörterbuch nennt man Haupteinträge. Darunter stehen oft Nebeneinträge, die zur gleichen Wortfamilie gehören.

Üben 48 ___ Punkte   Üben 49 ___ Punkte

Üben 50 Fremdwörter werden oft anders geschrieben, als sie ausgesprochen werden. Unter welchem Buchstaben findest du diese Wörter im Wörterbuch und wie werden sie geschrieben? Schlage nach und schreibe die Wörter richtig auf.

der Dschoker ....

das Autfit ....

der Kompjuter ....

die Dschiens ....

die Schorts ....

das Kwadrat ....

das Wolumen ....

kämpen ....

der Kommik ....

Fremdwörter

Lösung 50 Für jedes richtige Wort gibt es 1 Punkt.

der Joker, das Outfit, der Computer, die Jeans, die Shorts,
das Quadrat, das Volumen, campen, der Comic

Trage hier ein, wie viele Punkte du bei den Übungen erreicht hast und ob die Aufgaben für dich leicht ☺ oder schwer ☹ waren.

Groß- und Kleinschreibung	Punktzahl	Erreichbare Punktzahl	☺	☹
Üben 1		6		
Üben 2		5		
Üben 3		11		
Üben 4		8		
Üben 5		6		
Üben 6		4		
Üben 7		5		
Üben 8		13		
Üben 9		11		
Gesamtpunktzahl		69		

Schwierige Laute	Punktzahl	Erreichbare Punktzahl	☺	☹
Üben 10		10		
Üben 11		12		
Üben 12		8		
Üben 13		10		
Üben 14		5		
Üben 15		7		
Üben 16		3		

Trainingsergebnisse

Üben 17		16		
Üben 18		21		
Üben 19		5		
Üben 20		11		
Üben 21		7		
Üben 22		2		
Üben 23		6		
Üben 24		7		
Gesamtpunktzahl		130		

Lange und kurze Vokale	Punktzahl	Erreichbare Punktzahl		
Üben 25		6		
Üben 26		4		
Üben 27		11		
Üben 28		14		
Üben 29		10		
Üben 30		9		
Üben 31		8		
Üben 32		5		
Üben 33		4		
Üben 34		15		
Gesamtpunktzahl		86		

Zeichensetzung	Punktzahl	Erreichbare Punktzahl	☺	☹
Üben 35		6		
Üben 36		3		
Üben 37		5		
Üben 38		6		
Üben 39		8		
Üben 40		2		
Üben 41		3		
Üben 42		4		
Üben 43		4		
Gesamtpunktzahl		41		

Nachschlagen	Punktzahl	Erreichbare Punktzahl	☺	☹
Üben 44		9		
Üben 45		3		
Üben 46		8		
Üben 47		4		
Üben 48		2		
Üben 49		4		
Üben 50		9		
Gesamtpunktzahl		39		

Endergebnis: .... von 365 erreichbaren Punkten.

Trainingsergebnisse

bis 200 Punkte: Prima, dass du alle Aufgaben bearbeitet und so fleißig trainiert hast! Du solltest jedoch noch weiterüben, um sicherer im Rechtschreiben zu werden. Bitte deine Lehrerin oder deinen Lehrer um weitere Übungen zu Rechtschreibthemen, die dir besondere Schwierigkeiten machen. Auch das Buch „Einfach klasse in Deutsch – 4. Klasse“ kann dir helfen: Dort findest du viele Übungen und kannst wichtige Regeln wiederholen.

201 bis 250 Punkte: Du hast vieles richtig gemacht und toll durchgehalten! Wenn du weiter regelmäßig trainierst, kannst du zu einem richtigen Rechtschreibprofi werden! Dazu solltest du dir die Aufgaben nochmals genau ansehen, bei denen du in den Trainingsergebnissen folgendes Zeichen angekreuzt hast: ☹. Suche dir zu diesen Rechtschreibfällen Übungen in deinem Deutschbuch und wiederhole die Tipps auf den Lösungsseiten.

251 bis 365 Punkte: Herzlichen Glückwunsch – du bist fit im Rechtschreiben! Nun ist es wichtig, dass du durch regelmäßiges Training deine gute Form hältst: Suche dir für die Freiarbeit in der Schule oder zum Üben zu Hause immer wieder Rechtschreibaufgaben aus. Lies außerdem regelmäßig die Tipps auf den Lösungsseiten in diesem Block. So hast du die wichtigsten Regeln stets im Kopf.

Als Belohnung fürs Durchhalten darfst du dir die Medaille auf der nächsten Seite ausschneiden!

Du hast es geschafft!

Trenne das Blatt heraus und schneide die Medaille aus.

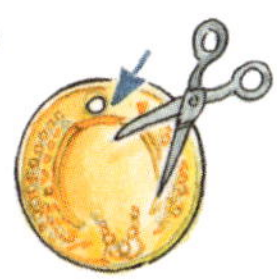

Stich oder schneide ein Loch in den kleinen Kreis oben.

Ziehe ein Band durch das Loch.